Kairo

lieben lernen

Der perfekte Reiseführer für einen unvergesslichen Aufenthalt in Kairo inkl. Insider-Tipps, Tipps zum Geldsparen und Packliste

Alexandra Terwey

✈ INHALT

Essen in Kairo 39

Sehenswürdigkeiten und Aktivitäten 45

Was tun bei schlechtem Wetter? 55

Verkehrswege in Kairo 59

Worum geht es in diesem Ratgeber?

Sie freuen sich auf einen unterhaltsamen Urlaub in der Hauptstadt Ägyptens, aber haben noch ein paar Fragen, die nicht jedes Reisebüro beantworten kann? In diesem Ratgeber finden Sie Antworten auf Fragen wie: Wo kann ich problemlos als Urlauber lokal essen? Oder: Welche Unterkünfte eignen sich für meinen Geldbeutel? Ist Kairo sicher für Frauen? Neben umsetzbaren Tipps für den Alltag finden Sie auch mehr über Kairo heraus und was Sie alles in einem Urlaub hier machen können.

Wussten Sie, dass Kairo im Jahr 2018 vom „World Travel and Tourism Council" zum am schnellsten wachsenden Reiseziel der Welt erklärt wurde? Dennoch werden viele Urlauber nur oberflächlich mit dieser Großstadt bekannt gemacht. Das soll sich hiermit ändern.

Mit echten und persönlichen Geheimtipps, die Ihnen den Alltag erleichtern und Ihnen einen garantiert schönen Urlaub bescheren. Neben der Geschichte Kairos wird auch über die ver-schiedenen Stadtviertel berichtet und welches sich am meisten für Sie lohnen würde. Ob Sie mit Ihrer Familie hier sind, als Paar oder sogar aus geschäftlichen Gründen: In diesem Ratgeber finden Sie auf jeden Fall eine passende Unterkunft und ein Restaurant nach Ihrem Geschmack. Wenn Sie nicht nur Lust auf die klischeehaften Touristenorte in Kairo haben, sondern auch über ein paar Geheimorte Bescheid wissen möchten, dann lassen Sie sich dieses Buch nicht entgehen!

Anreise: Alles was Sie wissen sollten

Höchstwahrscheinlich werden Sie mit einem Flugzeug direkt an einem der Flughafen in Kairo landen. Seit 2020 gibt es einen neuen Flughafen in der Nähe der Pyramiden. Es kommt auf Ihren Anbieter an, an welchem Flughafen Sie landen.

Keine Angst, der Prozess ist an beiden so gut wie derselbe. Nachdem Ihre Maschine angedockt hat, wird Ihnen Ihr Kapitän mitteilen, dass Fotos am Flughafen nicht erlaubt sind. Das ist eine

Sicherheitsmaßnahme an allen ägyptischen Flughäfen.

Entweder werden Sie nun mit einem Bus vom Flugzeug abgeholt oder Sie können direkt in den Flughafen laufen. Erschrecken Sie nicht wegen der vielen Sicherheitsmaßnahmen, da diese nur zu Ihrem Schutz dienen. Sobald Sie ankommen, sollten Sie 30 Euro pro Person bereithalten, um das einmalige Touristen-Visa zu bezahlen. Nachdem Sie damit fertig sind, werden Sie durch eine Passkontrolle gelenkt und danach können Sie weiter, um Ihre Koffer abzuholen.

Manchmal kann der Prozess länger dauern, wenn mehrere Flieger zugleich angekommen sind. Da Sie nun damit fertig sind, wird es Zeit zu Ihrer Unterkunft zu fahren. Falls Sie Ihren Urlaub in einem Hotel verbringen, sollten Sie sich am besten ein Flughafen-Shuttle mitbestellen. Das bringt Sie sicher, aber oft kostenpflichtig, vom Flughafen ins Hotel und am Ende der Ferien auch wieder zurück.

Falls Sie sich für eine andere Unterkunft entschieden haben, sollten Sie sich am besten ein Uber bestellen. Am Flughafen sollte es kostenloses Wi-Fi geben. Damit können Sie sich bequem einen Fahrer rufen. Wie genau man ein Uber in Ägypten bestellt, wird später im Ratgeber noch erklärt.

Falls weder Flughafen-Shuttle noch Uber infrage kommen, dann können Sie auch mit einem der Flughafen-Taxis fahren. Das kann aber oft teurer sein als die anderen Möglichkeiten.

Wenn Sie sicher angekommen sind, sollten Sie auch sichergehen, dass Sie der richtigen Uhrzeit folgen. Da Ägypten keine Sommerzeit vertretet, kann es sein, dass Sie Ihre Uhr um eine Stunde verstellen müssen.

Aber was ist, wenn Sie nicht mit dem Flugzeug nach Kairo reisen? Oft buchen Urlauber gerne einen Aufenthalt in einem der Strandorte in Ägypten, und buchen zusätzlich noch eine Weiterreise nach Kairo. Wenn das bei Ihnen der Fall ist, dann können Sie mit Ihrem Tourbus entspannt nach Kairo fahren.

Falls Sie keinen Bus gebucht haben, gibt es auch Privatunternehmen, die mit kleineren Gruppen alle paar Tage in die Hauptstadt fahren. Am besten erkundigen Sie sich im Internet über verlässliche Möglichkeiten. Denken Sie daran, die Bewertungen zu lesen, um sich zu vergewissern, dass Sie wirklich die beste Lösung gefunden haben.

Für viele Leute ist es ungewohnt bis zu 7 Stunden im Fahrzeug zu verbringen, also sind hier ein paar Tipps, um es für Sie etwas angenehmer zu machen:

- Trinken Sie recht wenig. Bei einer mehrstündigen Autofahrt ist es sehr unbequem häufig auf die Toilette zu müssen, also trinken sie lieber etwas weniger in dieser Zeit.

- Nicht zu wenig trinken, denn das kann zu Kopfschmerzen und schlechter Laune führen. Und Sie wollen Ihren Urlaub in Kairo definitiv nicht so anfangen. Versuchen Sie in dieser Zeit, weniger als einen halben Liter zu sich zu nehmen.

- Sie sollten immer ein mobiles Ladegerät wie eine Powerbank dabeihaben. Sie werden Ihr Telefon für Fotos und für andere Aktivitäten brauchen. Und meistens gibt es Wi-Fi im Bus.

- Es wird Ihnen langweilig werden, also bringen Sie etwas Spaßiges mit.

- Wenn Ihnen beim Lesen nicht übel wird, sollten Sie ein Buch auf dem Weg nach Kairo lesen. Wie diesen Ratgeber zum Beispiel!

- Für Kinder können Sie Malbücher und ein paar Snacks und Säfte mitbringen.

- Kartenspiele eignen sichsuper als

Gruppenspiele.

• Kopfhörer werden Ihnen helfen, sogar in lauten Bussen etwas zu schlafen.

• Ein Nackenkissen lohnt sich aus dem gleichen Grund.

• Machen Sie eine kleine Liste von all den Aktivitäten, die Sie gerne in Kairo unternehmen wollen.

So nun haben Sie es geschafft. Sie sind in Kairo angekommen. Hurra! Die nächsten Seiten werden Ihnen mit Sicherheit helfen einen unvergesslichen Aufenthalt in der Stadt der Pyramiden zu verbringen.

ALEXANDRA TERWEY

Geschichte der Stadt

Kairo: Heimatstadt von einem der Sieben Weltwunder. Die ältesten und größten Film- und Musikindustrie im arabischen Sprachraum. Heimat der zweitältesten Anstalt für höhere Bildung – die Al-Azhar Universität – in der ganzen Welt.

Neben der beeindruckenden Geschichte hat es auch viele moderne, fantastische Plätze aufzuweisen. Das hier ist Kairo, wie es leibt und lebt.

BEDEUTUNG DES NAMENS

Kairo hat viele Namen: die Stadt der Tausend Mina-retts, Al-Qahirah, Masr und sogar Um Al Dunya. Die letzten beiden Namen kommen von den Ägyptern selbst und repräsentieren die Wichtigkeit der Stadt für sie.

Masr ist nämlich der offizielle Name ganz Ägyptens, dennoch benutzen die Einwohner ihn lieber für Kairo selbst. Auch Um Al Dunya strahlt die Liebe der Ägypter für ihre Hauptstadt aus: Um Al Dunya bedeutet „Mutter der Welt", was auch oft an die Zeit der Pharaonen erinnert, welche, wie einst Griechenland, oft mit brillanten Erfindern die ihrer Zeit voraus waren, in Verbindung gebracht wird.

Möglicherweise haben Sie bereits erraten das „Al-Qahirah" etwas wie Kairo klingt. Der offizielle arabische Name Kairos kommt von einer uralten Geschichte, die besagt, dass der Planet Mars – auch Stern des Eroberers genannt – am Himmel stand als Kairo gegründet wurde. Viele Gebiete in Kairo tragen ebenfalls Namen mit starken Bedeutungen.

GRÜNDUNG

Die über 1000 Jahre alte Stadt gehört zu den beliebtesten Reisezielen der Welt. Sie wurde 969 A. D. von den Fatimiden gegründet und gehörte einst zu deren Reich, welches sich von Marokko bis nach Syrien spannte.

Seit ihrer Gründung hat sich viel verändert, doch einige ihrer alten Schätze und historischen Gebäuden sind uns geblieben.

Geografie: Was ist wo?

Die Hauptstadt Ägyptens: über 20 Millionen Einwohner leben auf rund 5,000 km² verteilt in der Stadt, die im Moment auf Platz 15 der größten Städte der Welt liegt. Im Vergleich hat Baden-Württemberg fast 10-mal so viel Fläche, dennoch nur halb so viele Einwohner.

Die Großstadt kann in zwei Regierungsbezirke aufgeteilt werden: Kairo und Gizeh. Es mag etwas verwirrend klingen, aber die gesamte Stadt wird dennoch nur Kairo genannt. Die beiden

Regierungsbezirke unterscheiden sich dadurch, auf welcher Seite des Nils sie erbaut wurden. Kairo ist auf der Ostseite des Nils, während Gizeh auf der Westseite erbaut worden ist. Beide Bezirke haben verschiedene Gebiete und Wohnviertel, die alle über ihr eigenes Flair verfügen.

Wie in jeder Großstadt gibt es Plätze, die Touristen mehr bieten als andere. Deshalb werden die besten Gebiete Kairos nun in detaillierter besprochen.

DIE INNENSTADT (DOWNTOWN ODER WIST AL BALAD)

Lassen Sie uns doch mit dem Highlight Kairos anfangen: der Innenstadt.

Auch Downtown oder Wist Al Balad genannt, ist sie das schlagende Herz der ägyptischen Metropole. Es sind nicht nur viele bedeutsame Gebäude und Statuen hier zu finden, sie ist ebenfalls der Hauptpunkt für internationale Geschäfte und Hotels. Wahrhaft eine wundersame Mischung aus alt und neu.

Die meisten Gebäude in der Innenstadt wurden von französischen oder italienischen Architekten entworfen oder deren Landesstil nachgebaut.

Ein atemberaubendes Erlebnis an sich, ist das **Ägyptische Museum**. Obwohl dieses Museum erst im Jahr 2021 seinen 120. Geburtstag feiert, ist es nur ein Teil der langen Kette von Museen, die seit 1835 die wertvollen Schätze Ägyptens beherbergen. Mit einer beachtlichen Sammlung von 120,000 Artefakten, würde man hier über 2000 Stunden oder 83 Tage verbringen, wenn man sich jedes Teil für nur eine Minute ansehen würde.

In der nächsten Zeit wird ein weiteres Schmuckstück den Museen Kairos hinzugefügt: das Gizeh-Museum, und die historischen Schätze finden einen neuen Friedensplatz.

Der berühmte **Tahrir Platz**, wo 2011 die Proteste zur Freiheit Ägyptens stattfanden, ist hier aufzufinden. In unmittelbarer Nähe befinden sich auch „**Mogamma Tahrir**", ein wahrhaftig riesiges Staatsgebäude, das 1949 vom damaligen König Farouk erbaut wurde, mit der Absicht, dass alles, was ein Bürger vom Staat brauchen sollte, an einem Ort zu finden war.

Die berühmte **Qasr El Nile Brücke**, mit ihren großen Löwenwächtern aus Stein, die die Innenstadt mit der Insel Zamalek verbindet, sollte ebenfalls zu

Ihren Anlaufpunkten gehören. Auf der Brücke werden oft Heiratsanträge gemacht und möglicherweise werden Sie sie aus einigen deutschen Nachrichtensendungen wiedererkennen. Sie wird oft von Journalisten benutzt, um Nachrichten aus dem Nahen Osten sicher von Kairo aus zu berichten.

Die Innenstadt ist ebenfalls reich an Hotels, Motels und Airbnb, weshalb sie sich für jeden Touristen gut macht. Hoch angesehene Hotels wie **Steigenberger**, **Carlton-Ritz** oder **Semiramis** befinden sich in unmittelbarer Nähe zu den oben erwähnten Plätzen und sind zu Fuß in wenigen Minuten zu erreichen. Das erspart Ihnen das „Fortbewegungsproblem" und lässt Sie die Innenstadt selbst erkunden.

ZAMALEK: DIE INSEL AUF DEM NIL

Wunderschöne Gärten, die den Englischen Garten Münchens beschämen, Häuser und Villen, die von Meisterhand entstanden sind: Geschichte und Kunst versteckt in jeder Ecke und Nische dieser kleinen Insel. Auch bekannt für die beste Künstler-Universität in ganz Ägypten, ist dieser Teil Kairos wahrhaftig einem Bilderbuch entsprungen. Am Tag lohnt es sich, einfach durch die vielen Winkelgassen spazieren zu gehen und unter den riesigen alten Bäumen einen kalten, frischgepressten Obstsaft zu genießen. Besonders lecker schmecken Zuckerrohr und Orangensäfte, die man für unter einem Euro an einem der vielen Geschäfte erwerben kann. Man erkennt sie daran, dass die buntesten Früchte in Netzen vor der Eingangstür herunterbaumeln.

Einige der schönsten Kirchen Kairos, wie etwa die **St. Mary Kirche**, **St. Joseph Kirche** oder die **All Saints Kathedrale**, sind in Zamalek einfach zu Fuß zu erreichen. Einen Besuch ist es auf jeden Fall wert.

Zamalek ist ebenso das Zuhause von vielen Künstlern, die ihre Kunststücke gerne in kleinen Läden oder auf der Straße zur Schau stellen. Die Deutsche Botschaft ist nur eine von vielen, die in Zamalek zu finden ist. Das liegt daran, dass eine Menge Ausländer in Zamalek leben und man alle Art von Nationalitäten auf den Straßen dieser Insel findet.

Bei Sonnenuntergang lässt es sich am Nilufer auf einem der vielen Restaurantschiffe gut zu Abend essen. Die meisten Schiffe sind angedockt, doch es gibt auch das ein oder andere, welches sogar den Fluss während Ihrer Mahlzeit auf- und abfährt. Die meisten Restaurants bieten eine internationale Küche an und Sie können sich auf leckeres Essen mit angemessenen Preisen freuen.

Zum Abschluss können sie sich auf ein musikalisches Meisterwerk in der berühmten **Oper** freuen. Das legendäre Musikstück „*Aida*" wurde für ihre Eröffnung von *Antonio Ghislanzoni* und *Giuseppe Verdi* kreiert. Hier können Sie sich auf die Klasse und den Charme Kairos freuen. Da hier formelle Kleidung gilt, neben Sie am besten von daheim ein Kleid oder einen Anzug mit.

Wegen ihrer romantischen Atmosphäre ist Zamalek für Paare bestens geeignet. Auch mehrere Nachtklubs und Discos befinden sich in Zamalek, da sollten Sie mal vorbeischauen. Am besten erreichen Sie die Insel durch ein Uber, da es die sicherste Verkehrsmöglichkeit ist und es sich im Preis mehr lohnt als ein Taxi. Für einen kompletten Tag in Zamalek, inklusive künstlerischen Mitbringsel für Ihre Familie, können Sie mit rund 40-45 Euro rechnen.

MAADI: DAS LABYRINTH DER ZIRKEL

Weiter südlich von der Innenstadt befindet sich ein strategisches Meisterwerk des Militärs. Während eines Krieges entstanden, wurde es mit der Anweisung gebaut, es soll für die Feinde so verwirrend wie möglich sein. Leider verwirrt es bis heute immer noch, sogar die Einwohner selbst!

Ebenso grün wie Zamalek, gehört Maadi, zusammen mit einem weiteren Stadtviertel namens Heliopolis, zu den angesehensten Wohngebieten in ganz Kairo. Das liegt daran, dass neben vielen Parks und Grünflächen, viele Botschaften und Gebäude, die vor dem Zweiten Weltkrieg gebaut wurden, dort aufzufinden sind.

Maadi, was grob übersetzt „die Fähren" bedeutet, ist ebenso berühmt wegen seiner Angrenzung zum Nil und der Auswahl von Wassersportaktivitäten. Auch wenn Sie nur einen kurzen Urlaub in Kairo gebucht haben, sollten Sie es sich nicht entgehen lassen, einmal bei Sonnenuntergang auf einer **Feluka** den Nil entlangzufahren.

Nicht nur Sportanlagen, sondern auch akademische Institutionen und eine große Anzahl von allerlei

Kunst und Musikkursen verleihen Maadi den guten Ruf.

Haben sie schon mal einen eigenen Ring aus einer Sepiaform gegossen? Oder hätten Sie Lust Ihren eigenen Silber- oder Goldschmuck anzufertigen? Maadi lässt Ihren kreativen Wünschen alle Möglichkeiten offen.

Falls Sie sich auch gerne **kulinarisch** durch neue Länder probieren, ist Maadi ihr Anlaufpunkt Nummer 1. Auf „Road 9" finden Sie Restaurants aus aller Welt: Italienisch, amerikanisch, chinesisch, thai, indisch, latein-amerikanisch, mexikanisch, und sogar libanesisches Essen wird Ihnen in mehr als 25 Lokalen wie auf einem Silbertablett serviert.

Falls Sie sich mit dem Abschnitt über das U-Bahn-System in Kairo vertraut machen (das kommt später im Ratgeber), erreichen Sie Ihr Ziel in schnellster Zeit und für wenig Geld. Die U-Bahn-Haltestelle von Maadi befindet sich nämlich auf der oben erwähnten „Road 9".

NEU KAIRO

Dieser Teil Kairos wurde als initiatives Projekt gebaut. Es sollte dazu dienen, Einwohner, die in der überfüllten Innenstadt lebten, weiter nach draußen zu locken. Obwohl es noch einige alte Gebäude in diesem Gebiet gibt, sind die meisten doch Hotels und große **Kaufhäuser.**

Falls Sie sich besonders für Architektur und Geschichte interessieren, ist Helipolis Ihr Ziel. Etwa 25 Kilometer von Maadi entfernt, ist es auch bekannt als „Masr Al Jadida" oder „New Cairo" und bei der Adelsklasse sehr beliebt. Die „Stadt der Sonne" hat viele historische Gebäude und gehört somit zu dem älteren Teil Neu Kairos.

Eines seiner Schmuckstücke: der **neu renovierte** Baron-Empain-Palast. Der steht hier in all seiner Pracht seit über 100 Jahren. Damals wurde er für seinen Namenspatron von dem bekannten französischen Architekten Alexander Marcel entworfen. Angeblich soll er in einer Mischung aus Hindu Tempel und dem kambodschanischen Angkor Wat nachgebaut worden sein. Obwohl der Palast tagsüber auch zu bewundern ist, scheint er doch nachts als hellster Stern. Von Zeit zu Zeit werden hier exklusive Events und Partys veranstaltet, also sollten Sie sich einen Platz sichern, um einen Abend in diesem verlassenen Palast von Ihrer Liste streichen zu können. Natürlich können Sie ihn ebenfalls von außerhalb bewundern.

In diesem Stadtteil Neu Kairos finden Sie auch den Heliopolis Kriegsfriedhof, der das „**Port Tewfik Memorial**" beherbergt. Dieses wurde in Gedanken an die gefallenen britisch-indischen Soldaten des Ersten Weltkrieges dort errichtet.

Heliopolis ist schon lange für seine Glaubensfreiheit und offene Kultur bekannt. Dort wurden Andachtsstätten für alle abrahamischen Religionen erbaut. In dem einstigen Vorort Kairos wurden 1 Synagoge, 16 Moscheen und mindestens 5 Kirchen gebaut.

Die „**Our Lady of Heliopolis Co-Cathedrale**" gehört zu den schönsten Kirchen ganz Kairos.

Nun zur mehr modernen Seite Neu Kairos: Kaufhäuser und Hotels. Dieser Teil Neu Kairos eignet sich besonders für Geschäftsleute. Das liegt daran, dass der einstige Flughafen Kairos hier ist. Ein Weiterer steht in der Nähe der Pyramiden in Gizeh. Die meisten Häuser und Hotels in dieser Gegend erfüllen Ihre luxuriösesten Träume und Wünsche und sind stolz auf das gute Ansehen.

Wenn Sie sich nur für einen kurzen Zeitraum in Kairo befinden, sollten Sie am besten in Neu Kairo bleiben. Hier gibt es leider wenige Transportmöglichkeiten, also sollten Sie am besten ein Uber nehmen, um die nähere Gegend zu erkunden.

Eines der beliebtesten Einkaufszentren Kairos ist hier aufzufinden: **Cairo Festival City**.

Mit Innen- und Außenbereich, Restaurants aller Art, internationalen Geschäften wie in Deutschland und sogar Möbelhäusern wie Ikea oder Homedecor, lohnt es sich wirklich, hier mindestens einmal vorbeizuschauen.

Es gibt noch weitere Stadtviertel in Kairo, aber sie zählen nicht zu den Touristenplätzen, weswegen nur bestimmte Attraktionen von mir im Ratgeber erwähnt werden.

Die Stadt der Pyramiden

Es gibt eine Menge Faktoren zu beachten, bevor Ihr lang ersehnter Urlaub in Kairo so richtig losgehen kann! Wetter, Hotel- und Flugpreise sowie lokale Feste gehören zu den wichtigsten Punkten.

WETTER

Als Erstes sollten Sie sich fragen, zu welcher Zeit Sie gerne in Kairo wären. Im Gegensatz zu Urlaubsorten am Strand wie Hurghada, wo so gut wie 350 Tage im Jahr die Sonne scheint, kann man das von Kairo nicht behaupten.

Regen, Nebel, und ungewohnt kalter Wind nehmen einem schon manchmal den Wind aus den Segeln. Darum lohnt es sich zu recherchieren, bevor man nach Flügen schaut.

Die beste Jahreszeit wäre später Frühling bis früher Sommer: *März, April, Mai* und *Juni*.

Die meisten Leute besuchen Kairo oder sogar Ägypten, meistens zwischen den Weihnachtsferien bis Februar. Doch um diese Zeit wird es oft am kältesten. Mit eisigen Winden, die wie kleine Dolche durch Ihre Kleidung hindurchdringen. Es kann nachts bis auf 6 Grad sinken!

Außerdem gibt es oft wenig Tageslicht und nicht jeder ist in der besten Stimmung.

Im Gegensatz gibt es von März bis Juni genug Sonne, die Temperaturen liegen meistens bei 17 bis 32 Grad und es gibt meistens wenig Niederschlag. Die Sommermonate eignen sich am besten für erfahrende Reisende, die an schwüle Großstadthitze gewöhnt sind. Später September bis November ist ebenfalls eine gute Zeit Kairo zu besuchen, jedoch muss man dann mit relativ hoher Luftfeuchtigkeit und Niederschlag rechnen.

Da Kairo aber immer einen kalten Abend haben kann, wäre es empfehlenswert warme Kleidung mit in den Urlaub zu nehmen.

Preise

Die beliebtesten Monate sind auch die Teuersten. Also lieber die Finger von den Weihnachtsferien und Silvester lassen, und auf etwas später einstellen. Wenn Sie die Kälte nicht stört, dann unbedingt versuchen, ein Winterschnäppchen zu erwischen. Januar und Februar wären am günstigsten bei den Hotel- und Flugpreisen.

Vermeiden Sie es, während irgendwelcher Ferien aus Ihrem Bundesland zu fliegen. Wenn möglich, fliegen Sie von Ihrem Nachbarsbundesland, da Flüge in den Regionen ohne Ferien oft am günstigsten sind.

Ein weiterer Punkt: die Hotels. Wenn Sie nach Kairo

in den Urlaub fliegen, sollten Sie sich drauf einstellen, dass es eine Weltgroßstadt mit rund 20 Millionen Einwohnern ist, die ebenfalls gerne mal eine Auszeit haben. Zudem ist Kairo auch ein „Business Hub" und viele Geschäftsleute aus aller Welt verbringen hier ihre Wartezeit, zwischen ihren Flügen.

Die meisten Hotels in Kairo bieten relativ gute Preise, aber falls Sie gerne etwas sparen wollen und die Stadt mehr als Einwohner statt als Tourist kennenlernen wollen, finden Sie viele zuverlässige Motels und Eigentumswohnungen auf Airbnb. Davon sind viele in der Innenstadt, Zamalek und in Dokki zu finden.

Gehen Sie sicher, dass es schon Bewertung auf den verschiedenen Angeboten gibt, die akkurat und relativ neu sind.

Auf Youtube gibt es viele Personen, die über ihren Aufenthalt in Airbnbs berichten, also wäre es eine gute Idee, dort für Inspiration und Erfahrungsberichte mal vorbeizuschauen.

LOKALE FESTE

Es ist nicht einfach die wichtigsten Veranstaltungen in fremden Ländern auswendig zu kennen. Deshalb sollten Sie unbedingt sichergehen, dass Sie nicht am größten Feiertag Ägyptens in Ihrem Urlaub ankommen.

Feste werden das ganze Jahr über gefeiert. Von Januar bis Dezember feiert Ägypten Feste aus verschiedenen Glaubensrichtungen und so können Sie sich jeden Monat auf etwas Neues freuen.

Es lohnt sich besonders, während *„Sham El Nessim"* zu kommen, da so viele Ägypter selbst im Urlaub außerhalb Kairos sind. Das führt zu besseren Hotelpreisen und viel weniger Verkehr, was Ihnen das herum reisen sehr erleichtern wird. Das Fest steht für den Frühlingsanfang und bedeutet übersetzt so etwas wie „Rieche die Brise". Gefeiert wird es im April. Sie werden es aber vermeiden wollen, während des Fastenmonats Ramadan nach Kairo zu reisen. Selbst wenn Sie selbst nicht fasten, ist es meistens nicht sehr schön, für andere Ihnen beim Essen zuzusehen und Ihnen wird der Appetit auch nach einer Weile vergehen, wenn Sie als Einzige im Restaurant sitzen.

Zusammengefasst lohnt es sich am meisten, Kairo während des Frühlings oder dem Herbst besuchen zu kommen.

Die besten Hotels für alle Geldbeutel

Die folgende Liste von Unterkünften in Kairo kann in 5 Kategorien aufgeteilt werden: **Luxuriös, Business, außergewöhnlich, Haustiere erlaubt** und **Apartments.** Bei manchen werden zwei oder mehr Punkte kombiniert, was sich natürlich für Sie lohnt.

DUSIT THANI LAKEVIEW CAIRO

Ein a**siatischer Traum** ist wahr geworden. Dieses 5-Sterne-Prachtstück kann mit einem Jacuzzi, 2 Outdoor-Pools, 5 Restaurants (darunter japanisch, chinesisch und indisch) und 2 Bars eine wahrhaftig spektakuläre Sammlung von Angeboten vorweisen. Wenn Sie es sich gerne in einer **Wellness-Oase** gut gehen lassen, dann ist das hier der richtige Ort für Sie.

Die atemberaubende Architektur und großräumigen Zimmer machen jeden Ihrer Aufenthalte zu einem unvergesslichen Erlebnis.

Da sich dieses Hotel in Neu Kairo befindet, gibt es eine Menge Cafés und Geschäfte in der Nähe, die Sie in Ihrer Freizeit erkunden können.

Kostenpflichtiger Transport von und zum Flughafen wird ebenfalls für Sie angeboten.

Familien sind hier auch willkommen. Sie können Ihre Kinder getrost im **Dusit Junior Klub** einschreiben. Ihren Kleinen wird mit einem eigenen Swimmingpool und verschiedenen Programmen sicher nicht langweilig werden.

Leider gehört es zu den teuren Hotels. Die Preise sind natürlich saisonabhängig.

DAS WESTIN CAIRO GOLF RESORT & SPA, KATAMEYA DUNES

Dieses 5-Sterne-Hotel gehört zu den angesehensten Hotels Kairo. Wie der Name bereits verrät, lässt es sich hier ausgezeichnet entspannen und wohlfühlen. Wenn Sie nach einem gesunden, leckeren und einfach glücklich machenden Hotel suchen, haben Sie es gefunden.

Mit Mittelmeer-Küche und gesunden Snacks ist man hier rundum versorgt.

Es hat nicht nur sein eigenes Fitnessstudio, sondern auch einen 27-Loch-**Golfplatz**, der um das Hotel herum verteilt ist. Die Innenraumbegrünung sowie die hellen und offenen Suiten, verleihen dem Hotel das gewisse Etwas.

Mit einem wunderschönen Indoorpool und beheiztem Outdoorpool, können Sie sich einfach treiben lassen. Dieses Hotel verspricht Idylle pur. Es eignet sich besonders für **Paare** und Leute mit **aktivem Lebensstil**. Wenn Ihr Geist ebenso Ruhe braucht wie Ihr Körper, sollten Sie Ihren Aufenthalt hier wunderbar genießen Dieses Hotel wird Ihr Herz garantiert höherschlagen lassen.

Egal ob Sie nur zur Durchreise dort sind oder ob

es um wichtige Geschäftsbesprechungen geht. Diese Hotels erfüllen all Ihre hohen Ansprüche.

LE MERIDIEN KAIRO FLUGHAFEN

Näher geht es nicht: direkt mit dem **Flughafen** verbunden, gehört dieses 5-Sterne-Hotel auf die Liste jedes Geschäftsführers. Keine Zeit im Verkehr verschwenden und somit keine kostbare Zeit zu verlieren, denn wie heißt es so schön: Zeit ist Geld.

Eine **Business Lounge** und modern ausgestattete **Konferenzhallen** lassen keine Bedürfnisse offen.

Und mit freien Wi-Fi, beheiztem Outdoorpool und einem eigenen Fitnessstudio, können Sie sich während und zwischen den Meetings ganz und gar entspannen.

Das Hotel bietet außerdem eine Reihe von Restaurants an, besonders gefragt sind das **singapurische** Lokal und die aufgeweckte **Sportbar**.

Ungefähr eine halbe Stunde entfernt befindet sich Cairo Festival City, wenn Sie Lust auf einkaufen oder Sightseeing haben sollten.

Die Zimmer sind nicht nur hochmodern

ausgestattet (Satelliten-Fernsehen, schnelles Internet und tolle Mini-Bars), sie sind nebenbei auch **schalldicht**. Hier bekommen Sie auf jeden Fall den ruhigen Schlaf, um bei dem nächsten Meeting wieder voll dabei zu sein!

RADISSON BLUE

Klein aber fein, lohnt dieses versteckte Juwel sich für alle Geschäftsleute die ein tolles, relativ **günstiges** Hotel mit genug Businessausstattung suchen. Ähnlich wie das vorherige Hotel auf dieser Liste, befindet es sich nur 3 km vom Flughafen in Neu Kairo entfernt. Mit einem wunderschönen **Dachterrassenpool** und einem tollen Spa ausgestattet, kann man komplett vergessen, dass man sich in einer lebendigen Großstadt aufhält.

Neben großzügigen Zimmern bietet das Hotel auch Konferenzhallen auf dem Dach an. Nach einem ermüdenden Meeting können Sie so direkt in den Pool springen!

In der Lobby finden Sie auch Computer und Fax, und natürlich gutes Wi-Fi, egal wo Sie sich im Hotel aufhalten. Am besten lassen Sie sich auch vom ausgezeichneten italienischen Restaurant **Filini** etwas Leckeres auf Ihre Teller zaubern. Neben diesem und dem Hauptrestaurant, in dem man normalerweise frühstückt, befindet sich auch eine kleine, charmante Bar mit **Außenterrasse im Hotel.**

Ein weiterer Pluspunkt ist, dass dieses Hotel **Haustiere erlaubt**. Natürlich müssen Sie dafür extra zahlen. Falls Sie Ihren geliebten Vierbeiner mit nach Kairo nehmen wollen, dann ist das hier Ihr Hotel. Von hier aus können Sie Neu Kairo leicht erkunden, und mit einem guten Allgemeinangebot sollten Sie sich dieses Hotel nicht entgehen lassen.

LE RIAD HOTEL DE CHARME

Weiter geht es mit diesem außergewöhnlichen Hotel. Wollten Sie schon immer wie ein Sultan in einem Palast aufwachen? Dieses Hotel hat einen Teil ägyptischer Geschichte in jedem Zimmer. Wahrhaftig gehört es zu den schönsten und buntesten Hotels Kairo. Jede Suite quillt mit der traditionell **arabischen Atmosphäre** nur so über.

Ist Ihre Lieblingsfarbe blau, rot, lila oder weiß? Egal, weil es wirklich ein Zimmer in jeder Farbe des

Regenbogens gibt. Wenn Sie besonders von Kunst und Geschichte angetan sind, dann ist dieses hier das beste Hotel für Sie.

Hier können Sie sich auf eine traditionell **ägyptische Teezeit** freuen, entspannt Shisha auf der Dachterrasse genießen und echt heimische Freundschaft kennenlernen.

Viele historische Gebäude sind zu Fuß in wenigen Minuten erreichbar. Die berühmte **Muizz Straße**, das **Naguib Mahfouz Café** und das **Kairo Citadel** sind nur ein paar der Plätze, die Sie sich nicht entgehen lassen sollten, falls Sie hier Ihren Urlaub verbringen wollen.

DAS NILE-RITZ CARLTON

Edel und mit beeindruckender Größe liegt dieses Hotel im Herzen der Innenstadt. Im Gegensatz zu anderen luxuriösen Hotels legt dieses Wert auf einen klassischen Stil. Sie wollen den ägyptischen Lebensstil kennenlernen, aber auf Luxus trotzdem nicht verzichten? Dann ist dies hier Ihr Traumhotel. Das beliebte „**Bab El- Sharq**", eins der 9 Restaurants und Bars, bietet traditionell arabische Speisen und

Shisha. Wenn Sie gerne das Nachtleben einer Welt-großstadt suchen, wird Ihnen das hauseigene **Kasino** sicher gefallen. Ein Outdoor-Pool und ein tolles Fitnessstudio stehen auch zur Verfügung.

Ein weiterer Pluspunkt ist die Lage des Hotels. Direkt am Nil erbaut und in unmittelbarer Nähe zum **Kairo Museum, Tahrir Platz,** der **Qasr El Nile Brücke** und einem der **Haupt U-Bahnhöfen Kairos.** Die Oper ist ebenfalls zu Fuß in wenigen Minuten zu erreichen.

ZAMALEK SERVICED APARTMENTS BY BRASS BELL

Dieses nächste Hotel eignet sich am besten für junge **Paare, alleinreisende Frauen** und **Freundesgruppen.** Sie möchten Geld sparen, aber sich trotzdem verwöhnen lassen? Dann sollte das hier ganz oben auf Ihrer Liste stehen.

Im schönen Zamalek situiert, lassen Sie diese Hotel-Wohnungen wirklich in die Szene in Kairo eintauchen. Mit hochmodernen Geräten und sogar **Netflix** ausgestattet, bieten Sie jedem Gast eine unvergessliche Zeit. Sie haben die Möglichkeit, selbst zu kochen oder sich in der Nähe von einem der Restaurants etwas zu holen.

Die Wohnungen bieten außerdem einen erfrischenden Pool für heiße Tage und eine **Sauna** für kalte Tage. **Haustiere** sind hier auch willkommen!

Lesen Sie am besten den Zamalek Abschnitt, falls Sie nach spaßigen Aktivitäten suchen.

Die **Zamalek Serviced Apartments** sind nicht mit den **Zamalek Suites by Brassbell** zu verwechseln, welche allerdings ebenfalls eine gute Unterkunft bieten.

SAWA UNITED APARTMENT

Die nächste Unterkunft lohnt sich am meisten für **Familien** und **Freundesgruppen.** Auf rund 330 m^2 verteilt befinden sich 5 Schlafzimmer, 2 Badezimmer, ein riesengroßes Wohnzimmer und eine Küche. Es lässt sich prima auf der großen Terrasse, die direkt den **Nil** unter sich hat, mit dem Grill einen tollen Abend verbringen.

Mikrowelle, Waschmaschine, Fernseher und Wi-Fi gehören natürlich auch dazu.

Die Wohnung befindet sich in Dokki, direkt auf der

anderen Seite des Nils der Innenstadt. Von hier aus können Sie ganz gelassen den **Orman Botanischen Garten** besuchen, der besonders freitags während der Gebetszeit frei ist.

Autovermietung gehört auch zu den Angeboten, doch Vorsicht: nur falls sie einen internationalen Führerschein haben, dürfen Sie offiziell in Kairo fahren. Trotzdem sollten Sie dieses Angebot nicht annehmen, da es in Kairo sehr an Parkplätzen mangelt, und es als Ausländer nicht ganz sicher ist, in dieser Großstadt Auto zu fahren. Mieten Sie lieber ein verlässliches Uber.

So, das waren 8 Hotels und andere Unterkünfte, die sich in Kairo wirklich lohnen. Falls Sie noch etwas für den **kleinen Geldbeutel** suchen, würde ich Ihnen vorschlagen online bei **Airbnb** nach einer Unterkunft zu suchen.

Da nicht immer alle Plätze frei sind, lohnt es sich, früh genug zu schauen und sich von den verbleibenden Angeboten etwas passendes auszusuchen.

Es ist sehr wichtig, die Kommentare und Bewertungen früherer Gäste zu beachten. Gehen Sie sicher, dass die Bewertungen echt sind, indem sie nach Vielfalt und Glaubwürdigkeit schauen.

Als Zweites sollten Sie sich nach der Lage des Airbnb erkundigen. Gebiete wie die Innenstadt, Zamalek, Maadi, Dokki und Neu Kairo sind oft die Besten für Touristen. Im Gegensatz sollten Sie diese **Stadtviertel vermeiden**: 6th of October, Sheikh Zayed, Shoubra, Moqattam und Nasr city. Diese bieten oft wenig für Touristen und sind meist zu weit weg oder einfach nicht sehr urlauberfreundlich.

Essen in Kairo

Kulinarisch erkunden: einheimische Delikatessen und traditionelle Teller. Obwohl ägyptisches Essen viel mit orientalischem gemeinsam hat, werden Sie bald eins merken: Ägypter lieben Süßes. Im Gebäck, in Säften, sogar im Brot: Zucker ist hier fast überall zu finden. In Gegensatz zu Deutschland wird bei Straßenessen in Kairo nicht auf Allergene, Gluten und andere Stoffe hingewiesen. Aber keine Sorge, es gibt genügend Restaurants, Lokale und Cafés in Kairo, in denen Sie beruhigt essen können.

Wahrscheinlich bietet Ihr Hotel bereits

Mahlzeiten an, aber selbst in diesem Fall lohnt es sich, die Küche Kairos mal woanders zu probieren.

MAGEN-DARM-GRIPPE VERMEIDEN

1. Falls Sie sich in der Innenstadt aufhalten, werden Sie früher oder später einen Straßenhändler finden, der Ihnen Essen wie Kofta, Kebda und Sogou (Leber und Würste) und andere seltsame Sachen anbieten wird. Lassen Sie am besten die Hände davon!

Sogar viele Einheimische tun sich später schwer, dieses Essen zu verdauen. Darum immer lieber nach einem anerkannten Restaurant Ausschau halten.

2. Keine kalten Getränke an heißen Tagen. Das wird vielen Urlaubern zum Verhängnis. Weil Ihr Körper nicht an die hohen Temperaturen gewöhnt ist, kann ein zu kaltes Getränk Ihnen oft schlecht auf den Magen schlagen.

Also, wenn Sie Ihren Urlaub nicht im Bett und auf der Toilette verbringen wollen, sollten Sie unbedingt immer eine Flasche lauwarmes Wasser dabeihaben.

3. Waschen Sie immer alle Ihre pflanzlichen

Nahrungsmittel ordentlich ab. Früchte und Gemüse sollten unter warmem Wasser gründlich gereinigt werden.

4. Egal wo man isst, immer die Hände vorher waschen. Falls es aus irgendeinem Grund nicht geht, lohnt es sich immer, eine Packung Desinfektionstücher dabei zu haben.

Nun lassen Sie uns doch lieber etwas Appetitlicheres besprechen. Wie wäre es mit den leckersten und preiswertesten Restaurants in Kairo?

SAPORI DI CARLO

Wer mag keinen guten Italiener? Dieses bezaubernde Restaurant verdankt seinen guten Ruf nicht nur dem Essen, sondern auch der ausgezeichneten Führung und dem Personal. Dieses kleine Restaurant in Zamalek hat nicht nur mehrere kulinarische Auszeichnungen gewonnen, es hat sogar einen **Michelin-Stern.**

Der Hauptkoch Carlos hat schon in Frankreich, Japan und Italien Herzen mit seinen Kochkünsten bezaubert. Dank wunderschöner Innenarchitektur und einer offenen Küche, können Sie Ihrer Pizza bei der Zubereitung zuschauen. Neben einer Handvoll italienischer Pizzas, werden auch Nudeln sowie Vor- und Nachspeisen serviert. Die meisten Gerichte auf der Karte kosten zwischen 6-15 Euro. Geöffnet hat es jeden Tag bis auf Montag.

Für einen **romantischen Abend** inklusive Nachspeise können Sie sich hier auf ungefähr 30 Euro einstellen. Nicht schlecht für ein Restaurant mit weltbekanntem Koch.

STEAK OUT

Ein **nobles** Restaurant mit einem unscheinbaren Namen. Dunkle Holzbänke, die mit rotem Leder überzogen sind, gedämpftes Licht und alle Bedienungen in fast vollen Anzügen geben diesem Restaurant das gewisse Etwas.

Hier lässt es sich prima als **Paar** oder als **Familie** zu Abend essen. Hier werden allerlei internationale Gerichte zubereitet, aber am leckersten schmecken die Steaks und Hühnchen-Teller. Die Portionen sind hier recht groß, also lieber leicht zu Mittag essen, oder den Rest einfach mit ins Hotel nehmen.

Für nur 50 Euro kann hier eine vierköpfige

Familie entspannt zu Abend essen.

FELFELA

Falls Sie etwas mehr Arabisches suchen, versuchen Sie es doch in diesem Restaurant in der Innenstadt. Geteilt in eine Imbissbude und ein rustikales Restaurant im hinteren Bereich, ist dieses hier ein wahres Wahrzeichen Kairos. Es war selbst während der Proteste 2011 geöffnet.

Sie kennen bestimmt schon einige der bekanntesten ägyptischen Gerichte: Shawerma, Kebda & Sogou, Foul & Tameya und so weiter. Shawerma ähnelt dem deutschen Döner sehr, aber wird mehr mit Tahina-Soße in einem Fladenbrot gegessen.

Wie bereits erwähnt handelt es sich bei Kebda und Sogou um Leber und Würstchen. Beide werden meist mit Zwiebeln, Tomaten und Öl gemischt, bevor man sie auf Brot serviert. Im Gegensatz zu Straßenverkäufern ist es hier sicher zu essen.

Bei Foul und Tameya handelt es sich um **vegetarische** Teller. Foul wird aus Bohnen gewonnen und wird mit Olivenöl zu einer Paste vermischt. Tameya, in Europa auch als Falafel bekannt, ist eine

Mischung aus Ackerbohnen, Zwiebel, Koriander und Petersilie, die frittiert und mit Semmelbröseln bestreut wurden. Serviert wird diese ebenfalls im Fladenbrot.

Alles auf dem Menü kostet weniger als 10 Euro, also lassen Sie es sich ordentlich schmecken. Da es zu den bekanntesten Restaurants der ganzen Stadt gehört, lohnt es sich, zwischen 12 und 19 Uhr hier vorbeizukommen, da am Abend oft viele Gerichte bereits ausverkauft sind.

Sehenswürdigkeiten und Aktivitäten

Natürlich kommen einem immer die gleichen Sehenswürdigkeiten in den Kopf, wenn man an die Hauptstadt Ägyptens denkt: die Pyramiden von Gizeh, die Sphinx und der Nil.

Obwohl die klassischen Merkmale Kairos an sich sehr eindrucksvoll sind, wäre es ebenso interessant, andere Plätze und Orte zu erkunden, die nicht schon in jedem Reiseführer stehen.

DER ORMAN BOTANISCHE GARTEN

Es kann sein, dass Sie genug Grünzeug daheim haben, dennoch sollten Sie sich diesen wunderschönen Garten nicht entgehen lassen. Er wurde 1875 erbaut und war schon damals berühmt für die Auswahl von exotischen Pflanzen. Anders als andere Parks in Kairo besitzt dieser hier ein Herbarium, einen Steingarten sowie Rosen und einen Kaktusgarten. Das Highlight jedoch ist der einzigartige Teich mit Lotusblumen.

Die bunten Farben der Blumen und die kleinen individuellen Details erwecken den Garten zum Leben. Man kann gelassen durch die verschiedenen Abschnitte wandern, ohne verloren zu gehen.

Der frische Duft der Blumen und der anderen Pflanzen wirkt erfrischend in der Großstadt und Sie werden sich noch lange an diesen Garten erinnern.

Falls Sie sich nach einem ruhigen Ausflug mit Ihren liebsten sehnen, dann sollten Sie diesem Garten an einem Freitagmorgen einfach mal einen Besuch abstatten. Der botanische Garten hat von 9 bis 17 Uhr geöffnet, dennoch sollten Sie es vermeiden am Nachmittag zu gehen, da er dort oft überfüllt ist.

Wichtig ist es auch, sich im Sommer und an heißen Tagen mit einem Spray gegen Mücken einzusprühen. Die kommen in der Nähe des Teiches nämlich ganz gerne mal am späten Nachmittag raus. Im Winter sollten Sie auch eine Jacke dabeihaben, weil es schnell kalt werden kann.

AUF EINER FELUKE FAHREN

Egal warum Sie nach Kairo kommen, ob es zum Entspannen, Freunde besuchen oder geschäftlich ist, eine Sache sollten Sie unbedingt machen:

Auf einer Feluke den Nil entlang treiben.

Eine Feluke ist eine Art von Boot, das fast komplett geöffnet ist. Heutige Exemplare ähneln ihren Vorfahren aus Altägypten, also falls Sie sich wie ein Pharao fühlen wollen, gehört das hier auf Ihre Liste. Es mag viele Plätze geben, die Bootsausflüge mit Feluken anbieten, dennoch sollten Sie sich einen verlässlichen und professionellen Anbieter suchen.

„*El Markeb*" der sich auf der Maadi corniche befindet, gehört zu den Besten.

Jede Feluke wird passend zum Anlass nach einem bestimmten Thema dekoriert. Geburtstage,

Verlobungen und andere besondere Veranstaltungen sollte man zusätzlich vorher angeben. Egal welches der Themen Sie auswählen, es wird Ihnen sicherlich gefallen. Die Angestellten sind sehr zuvorkommend und gehen sicher, dass alles zu Ihrer Zufriedenheit und Ihrem Wohlbefinden ist. Man kann Ausflüge von morgens bis abends unternehmen, also sollten Sie sich auf der Webseite inspirieren lassen, was Sie am liebsten hätten. Besonders zu empfehlen ist das romantische Paket.

Paare sollten am besten den Ausflug am Abend oder bei Sonnenuntergang buchen. Die romantische Atmosphäre kann durch einen eigenen Geigenspieler noch verbessert werden. Wenn die bunten Farben des Sonnenuntergangs mit dem Nil verschmelzen, wird der Moment gerade zu märchenhaft. Etwa eine Stunde nach Beginn werden sie gefragt, ob Sie nun speisen möchten. Hier kostet das Essen extra, aber es ist jeden Cent wert. Nach einem üppigen Hauptgericht können Sie sich noch mit einem süßen Nachtisch verwöhnen lassen.

Für Familien eignet sich eher das Frühstückspaket: eine Stunde Aufenthalt im Vorgarten direkt am Nil, gefolgt von zwei Stunden auf einer privaten

Feluke den Nil entlang treiben und dabei Marmelade, Brot, Wurst und Käse genießen.

DIE PYRAMIDEN VON GIZEH UND DIE SPHINX

Für diese historischen Meisterwerke der Architektur wird keine lange Erklärung gebraucht. Die Pyramiden sind das älteste Wunder der Welt und das einzige das noch steht. Allein dieser Fakt sollte Sie motivieren den Pyramiden einen Besuch abstatten zu wollen. Der genaue Zeitraum ist umstritten, aber laut verschiedenen Archäologen wurden sie vor mehr als 4000 Jahren erbaut.

Der Pyramidenkomplex von Gizeh besteht aus den drei Pyramiden der Könige und mehreren kleinen Pyramiden und Gebäuden.

Auch bekannt als die „Great Pyramid" ist die Pyramide von Pharao Khufuh aus Kalkstein und Granit erbaut worden. Der Granit wurde aus Aswan, was über 800 Kilometer entfernt liegt, beschafft.

Die zweite Pyramide der Könige gehört zu Pharao Khafre. Einige Ägyptologen sind der Meinung, dass die Sphinx sein Gesicht trägt. Sie ist die zweitgrößte Pyramide und erst viele Jahre nach der ersten erbaut worden.

Als Letztes wurde die Pyramide von Pharao Menkaure gebaut. Sie ist um einiges kleiner als die anderen und hat ebenso wie die von Khufu drei kleinere Pyramiden neben sich stehen. Es wird vermutet, dass diese die Grabkammern der Königinnen gewesen sind.

Die drei Pharaonen tragen auch griechische Namen, dennoch werden sie hier mit ihren altägyptischen Namen angesprochen.

Über die Sphinx ist noch weniger bekannt als über die Pyramiden. Es gibt zahllose Theorien, was sie darstellen soll und warum. Innerhalb befinden sich viele Tunnel, die ins Nichts führen und während viele ihnen mystische Herkünfte nachsagen, wurden sie am wahrscheinlichsten von Grabräubern gegraben, die auf Schätze im Inneren gehofft hatten.

Egal wie sehr Klischee diese historischen Schätze sind, sollten Sie Ihnen trotzdem mindestens einmal im Leben einen Besuch abstatten. Die Erkenntnis wie viele Pharaonen, Könige und Archäologen dort standen, wo Sie jetzt stehen, ist wahrhaftig berauschend.

DER KAIRO TURM

Als Nächstes gibt es noch dieses Wahrzeichen Kairos. Die Struktur ähnelt der „Space Needle" von Seattle. Der fast 190 Meter hohe Turm ist unter Einheimischen auch als „Nasser's Ananas" bekannt. Das offene Gitterwerk, welches den Großteil des Turmes umringt, soll an die pharaonischen Lotusblüten erinnern. Bis heute gelten sie immer noch als eines der Wahrzeichen Ägypten.

Auf der Spitze befindet sich ein drehendes Nobelrestaurant, das Sie ausprobieren sollten. In etwas über einer Stunde dreht sich das Restaurant einmal um sich selbst. Da es sich aber beruhigend langsam dreht, können Sie in Ruhe Ihre Mahlzeit genießen und die altägyptischen Statuen, die auf der Terrasse draußen stehen, bewundern. Aber aufpassen, denn es ist oft wochenlang ausgebucht, also sollten Sie sich vorher informieren.

KHAN AL KHALILI

Zu guter Letzt geht es ins Herz des alten islamischen Kairos. Dieser berühmte Bazzar und Souk (Einkaufsort auf Arabisch) ist nicht nur bei Urlaubern sehr beliebt. Neben der alten orientalischen Architektur kann man hier lokalen Künstlern bei der Arbeit zusehen. Falls Sie gerne ein Porträt von sich selbst oder einem Ihrer Liebsten hätten, können Sie es hier beschaffen. Mit den vielen bunten Lichtern und den rauschenden Lauten, kann man meinen, dieser Basar sei einer der Geschichten aus 1001 Nacht entsprungen.

Auf eines müssen Sie sich hier aber einstellen: das Verhandeln.

Wie bei vielen Touristenorten verdienen die Geschäfte hier lieber etwas mehr als weniger. Aber keine Sorge, denn es gibt trotzdem noch Richtlinien, an die sich die Verkäufer hier halten.

Eine gute Taktik ist es hier, uninteressiert zu wirken und zu behaupten das gleiche Souvenir bereits für ein paar Euro weniger woanders gesehen zu haben. Meistens kommen sie Ihnen dann mit dem Preis entgegen.

Geben Sie lieber einen niedrigeren Preis an, als

Sie zahlen wollen, und so sollten Sie und der Verkäufer sich relativ in der Mitte treffen.

Traditionelle Souvenirs und Mitbringsel werden hier am meisten verkauft. Kleine Versionen der Pyramiden, der Sphinx oder anderen bekannten altägyptischen Schätzen werden hier in allen Farben angeboten. Silberschmuck, der gegen den Volksglauben des bösen Auges helfen soll, oder mit farbigen Steinen geschmückte Armreifen sind hier ebenfalls erhältlich.

Falls Sie genug Platz im Koffer haben, könnten Sie es sich auch überlegen ein paar der Klamotten von hier wieder mit nach Hause zu nehmen. Die meisten sind bunt, aus ägyptischer Mako-Baumwolle gemacht und lassen sich super als Hausanzug tragen. Die Klamotten sollten einem Kleid ähneln und sich leicht auf der Haut anfühlen.

Am Ende Ihres Einkaufs können Sie in Ruhe eine Shisha oder einen traditionellen arabischen Schwarztee in einem der vielen Cafés genießen. Für einen kompletten Tag im Freien, inklusive Transport mit einem Uber und eines Einkaufs, der ein oder zwei kleinen Mitbringseln und einen Tee beinhaltet, sollten Sie nicht mehr als 50 Euro ausgeben. Oft kommt es natürlich zu noch weniger, aber es kommt auf die Gegenstände an, die Sie einkaufen.

Es ist auch ein toller Platz, um Familienfotos zu machen, also lohnt es sich besonders tagsüber herzukommen und bis in die frühen Abendstunden zu bleiben.

Was tun bei schlechtem Wetter?

Hoffentlich kommt es gar nicht erst dazu, aber falls Sie während Ihres Urlaubs ein paar Tage schlechtes Wetter bekommen, nicht verzagen!

Es gibt einige Aktivitäten, die Sie an solchen Tagen unternehmen können, ohne das Gefühl zu bekommen etwas von Ihrem Urlaub zu verlieren.

MALL OF EGYPT

Zwar befindet sich diese Einkaufsmeile relativ weit entfernt, im 6th of October, dennoch ist sie einen Besuch definitiv wert. Mit über 100 Marken-Geschäften wie Puma, Adidas, Berschka, und vielen weiteren bietet es eine gute Gelegenheit, sich neue Klamotten und Accessoires zu kaufen.

Ausgestattet mit einem eigenen **Kino,** das immer die aktuellen Filme spielt, lohnt es sich super mit der Familie herzukommen. Man kann hier auch Popcorn, Nachos und andere Naschereien erwerben sowie leckere Slushies die einem auf der Zunge zergehen. Preise sind ähnlich wie in deutschen Kinos und die Qualität enttäuscht nicht.

Aber der absolute Höhepunkt ist die Indoor-**Skihalle**. Ja, Sie haben richtig gehört. In Kairo gibt es einen Schneepark namens Ski Egypt, welcher sich für alle Leute lohnt. Kinder werden auf den kleineren Attraktionen viel Spaß haben, Familien können den ganzen Tag im Schneepark herumtollen und Ski fahren gehört natürlich auch dazu.

Wenn Sie noch ein Anfänger sind, wird Ihnen nach Vereinbarung eine Stunde Unterricht auf Skiern oder sogar auf einem Snowboard erteilt. Viele der Lehrer wurden in Österreich ausgebildet, also müssen Sie sich keine Gedanken um die Professionalität machen.

Falls Sie schon erfahrender sind, können Sie die Piste auch allein abfahren. Komplette Anzüge sowie Handschuhe und Helme werden Ihnen zusammen mit der Ausrüstung je nach Größe zugeteilt. Das einzige, das Sie selbst mitbringen sollten, wäre eine warme Mütze.

Wenn es draußen regnet, lohnt es sich wirklich, den Tag in fröstelnder Kälte hier zu verbringen und danach in einem der Restaurants in der Nähe eine leckere Mahlzeit zu essen. Denn der Wintersport macht Sie wahrscheinlich hungrig! Am besten suchen Sie dann gleich in einem der vielen Restaurants und Cafés der Mall nach Ihrem Lieblingsessen. Neben den vielen Fast-Food-Ketten gibt es dort auch Chilis (amerikanisch), Tamaras (ein toller Libanese mit Außenterrasse), One Oak (eine Steak- und Sushi-Bar) und viel mehr.

BOUNCE

Zu finden in Cairo Festival City, bietet dieses Erlebnis besonders etwas für Kinder und die unter uns, die noch nicht ganz erwachsen sein wollen.

Es handelt sich hierbei um eine große Innenhalle mit verschiedenen Trampolinen und einer Hindernisstrecke bestehend aus Kletteraktivitäten.

Die verschiedenen Trampoline sind meistens mit einem anderen Sport kombiniert und werden entweder in Einzel- oder Gruppenaktivitäten eingeteilt.

Zu den Einzeltrampolinen gehört zum Beispiel, einen Basketball in den Korb zu werfen oder aus verschiedenen Höhen in einen Pool voller Bälle zu springen.

Doch keine Angst! Bei jeder Aktivität ist ein Aufseher oder eine Aufseherin dabei, die sichergehen, dass sich niemand verletzt.

Verkehrswege in Kairo

Wie in den meisten anderen Großstädten ist es oft schwer, sich in Kairo selbst fortzubewegen. Egal ob es an der Größe der Stadt oder an der Überbevölkerung liegt, man steckt oft über eine Stunde in stehendem Verkehr.

Deswegen ist es wichtig, die Hauptverkehrszeit zu kennen und sie so gut wie möglich zu vermeiden. Als Erstes müssen Sie wissen, dass es nicht eine Rushhour gibt, sondern einen kleinen Zeitraum, wo es weniger Verkehr gibt.

Vormittags zwischen 10 und 12 Uhr ist die beste Zeit sich innerhalb Kairos zu bewegen.

Zwischen 6:00 und 9:30 Uhr ist die Rushhour am Morgen, wo Leute zur Arbeit fahren, Studenten zur Universität gehen und Kinder von Schulbussen geholt werden. Zu dieser Zeit findet viel Gehupe statt, also lieber noch in Ihrer Unterkunft oder im Hotel bleiben.

Die Nachmittags-Rushhour gibt es natürlich auch. Ab 13 Uhr haben die Grundschulen Schulschluss, und bis ungefähr 18 Uhr ist noch der Abendverkehr, aber danach sollte es wieder ruhiger werden.

TIPPS FÜR DEN KAIRO VERKEHR

- Google Maps ist Ihr Freund. Egal wo in Kairo Sie sich befinden, mit dieser App sollten Sie immer wieder nach Hause finden. Es funktioniert im Notfall sogar ohne Internet, also müssen Sie sich darüber auch keine Gedanken machen.

- Sie sollten nicht versuchen, mit Minibussen oder Taxis zu fahren. Obwohl Minibusse nur wenige Cent kosten, sollten Sie trotzdem nicht mit Ihnen fahren. Sie haben keine geregelten Zeiten und sind oft so überfüllt, dass es keinen Platz zum Sitzen gibt. Taxis wiederum können oft teuer sein, unfreundlich her- überkommen und nebenbei wäre da noch die Sprachbarriere.

• Der Verkehr kann manchmal sehr viel Zeit in Anspruch nehmen, also planen Sie immer etwas extra Zeit mit ein.

UBER

Vermutlich kennen Sie diese Methode bereits von Ih- rem Heimatland. Die bei Weitem sicherste Möglich- keit in Kairo zu reisen. Installieren Sie einfach die App auf Ihr Telefon und schon kann es losgehen.

Falls Sie nicht mit Uber vertraut sind, es ist ein privates Taxiunternehmen, das sich besonders für Großstädte lohnt.

Da es oft wenige Parkplätze gibt, bevorzugen es sogar Ägypter mit Uber von einem Ort zum anderen zu kommen. Die Fahrer holen Sie am gewünschten Platz ab und bringen Sie dann auch zu Ihrer „Loca- tion". Das angenehmste ist das professionelle

Verhalten der Fahrer. Ein weiterer Pluspunkt ist, dass Sie bereits bevor Sie ein Auto bestellen wissen, wie viel es kosten wird. Praktisch, oder?

METRO

So wird die U-Bahn in Kairo genannt. Sie verläuft unter der alten Stadt und verbindet viele der wichtigen Orte miteinander.

Eine der Hauptbahnhöfe – *Sadat* – befindet sich in der Innenstadt in der Nähe des ägyptischen Museums. Die Metro gehört zu den günstigsten und schnellsten Verkehrsmitteln in Kairo und ist wichtiger Bestandteil ihres Tages für viele Ägypter.

TICKETS

Die Tickets können von einem Arbeiter über eine Theke gekauft werden.

Zu diesem Zeitpunkt können drei Farben von Tickets erworben werden, ausgenommen sind natürlich Tickets für behinderte und minderjährige Ägypter.

Die Farbe steht für die Anzahl von Stationen, die

Sie mit einem Ticket passieren dürfen. Da die Preise sich in den letzten Jahren geändert haben, sollten Sie am besten selbst nachschauen.

Nachdem Sie Ihre Tickets gekauft haben, müssen Sie durch einen der automatischen Scanner gehen. Falls Sie Probleme haben, wird einer der Anwesenden Ihnen sicherlich helfen.

Bevor Sie jedoch ein Ticket kaufen, lohnt es sich, die „Cairo Metro Map" App auf Ihr Telefon herunterzuladen. So können Sie sich in Ruhe mit den Namen der verschiedenen Stationen vertraut machen und zählen wie viele Sie denn überhaupt durchqueren müssen.

LINIEN

1,2 oder 3? Insgesamt kann die U-Bahn Kairos in 3 Linien aufgeteilt werden.

Linie 1 ist die Älteste und hat somit auch die ältesten Züge. Sie sind im Vergleich zu den anderen oft kleiner und etwas mehr in die Jahre gekommen. Diese Linie fährt bis nach Maadi und man kann auch noch bis Helwan (eine Stadt, die trotzdem zu „Greater Cairo" gehört) fahren.

Linie 1 ist am wenigsten zu empfehlen, da viele Handarbeiter und Ägypter vom Land mit ihr fahren und Sie sich als Urlauber schnell ausgegrenzt fühlen werden.

Linie 2 führt hauptsächlich zu Außenbezirken Kairos, und hat deswegen wenig Wert für touristische Aktivitäten.

Linie 3 ist die neuste, sauberste und modernste der drei Linien. Die Wagen sind mit Klimaanlagen ausgestattet, was Sie im Sommer auf jeden Fall brauchen werden. Sie führt bis kurz vor den Flughafen in Neu Kairo, und wird deswegen von vielen Ausländern genutzt.

Beispiel

Sie wollen zum Abendessen nach ***Maadi*** fahren. Wenn sich Ihr Hotel in der Innenstadt befindet, dann würden Sie von ***Sadat*** aus fahren. Sie steigen also in einen Linie 1 Wagen. Von hier aus sind es 7 Stationen bis nach Maadi.

Frauenwaggons

In Kairo gibt es auf jeder Linie bestimmte Waggons ausschließlich für Frauen und Kinder. Diese sind durch ein Schild am U-Bahnhof gekennzeichnet und befinden sich am Ende des Zugs. Falls Sie also als

Frau allein reisen, müssen Sie sich keine Sorgen machen. Erst ab 21 Uhr werden alle Wagen zu Gemischtwagen, da nun jeder zügig nach Hause will. Frauen können natürlich auch mit den normalen Gemischtwagen fahren, wenn sie es möchten.

HOTEL FAHRZEUGE

Sie können es sich natürlich auch einfach machen, indem Sie mit einem Leihwagen des Hotels die Stadt erkunden. Da das Fahrzeug und der Fahrer vom Hotel angestellt sind, müssen Sie sich keine Gedanken machen.

Allerdings kommt es oft vor, dass diese Fahrdienste etwas überteuert sind, darum müssen Sie für sich selbst entscheiden ob es sich lohnt oder nicht.

Wichtige Wörter für den Alltag

Falls Sie bereits in anderen arabischen Ländern herumgereist sind, dann werden Ihnen die nächsten Worte sicherlich vertraut vorkommen. Ähnlich wie im deutschen, haben Gegenstände, Plätze und andere Sachen entweder einen männlichen oder einen weiblichen Artikel.

Also, wenn Sie eine Frau sind, würden Sie Verben, die auf Sie selbst zutreffen, mit „ie" oder „ah" ergänzen.

Ana: Ich

Enty: Du

Howa: Er

Heya: Sie

Zwar gibt es im ägyptischen Arabisch auch ein „Du" und ein „Sie", aber um das zu erklären, reicht dieser Ratgeber nicht! Außerdem wird es Ihnen keiner übelnehmen, wenn Sie nach dieser kleinen Einweisung arabisch noch nicht komplett beherrschen. Viele Ägypter, die Sie treffen, werden sich sehr darüber freuen, dass Sie sich die Mühe machen, ihre Landessprache zu sprechen. Die Zahlen von 1 bis 10 sind auch einfach zu merken.

Wahda: 1

Itneen: 2

Talata: 3

Arba: 4

Chamsa: 5

Sita: 6

Saba:7

Tamanya: 8

Tesa: 9

Ashra: 10

Im Arabischen betont man so gut wie jeden Buchstaben, also sollte es sich nicht schwer lesen lassen.

Hier sind einige Wörter, die Sie tagsüber in Kairo möglicherweise hören werden:

Eiwa: Ja

La´a: Nein

Maiya: Wasser

Aeisch: Brot

Ahkl: Essen

Asier: Saft

Schei: Tee

Ahwua: Kaffee

Sukar: Zucker

Arabeya: Automobil

Eis: möchte/will

Mish Eis: möchte/will nicht

Mumken: Bitte

Schokran: Danke

Asif: Entschuldigung

Sabah Elchir: Guten Morgen

Wenn Sie zum Beispiel ein Wasser bestellen möchten, dann können Sie es so machen:

Ich möchte ein Wasser.

Ana Eiß(ah) wahda Maiya

Diese Wörter sollten für Ihren Aufenthalt in Kairo vollkommen ausreichen. Und Ihre Freunde werden nicht schlecht staunen, wenn Sie arabisch-sprechend aus dem Urlaub zurückkommen!

Allgemeine Tipps für Ihre Zeit in Kairo

Das Folgende wird eine Liste von Punkten aus eigener Erfahrung sein und soll dazu dienen, Ihnen den Urlaub so unbeschwert wie möglich zu machen. Sie können gerne mitzählen, wie viel von diesen Punkten Sie bereits selbst wussten. Geben Sie Ihre Antwort einfach am Ende dieses Abschnitts an, und sehen Sie in welche Klasse Sie es geschafft haben!

- Immer erst auf Toilette gehen. Manchmal sitzen Sie über längere Zeit im Auto, also sollten Sie unbedingt erst auf die Toilette gehen, bevor es richtig losgehen kann.

- Benutzen Sie einen Rucksack statt einer Handtasche. Er ist praktischer, hält mehr aus und in Großstädten ist es sicherer, eine geschlossene Tasche bei sich zu haben, als eine offene.

- Eine Flasche Wasser erfrischt immer. Eine kleine 0.6 Liter Flasche passt in so gut wie jeden Rucksack und auf jedem Ausflug wird man irgendwann durstig. Hydration ist wichtig!

- Einen Saft sollten Sie auch dabeihaben. Die Hitze kann einem manchmal zu Kopf steigen, und es kann zu einem leichten Schwächeanfall kommen. Orangen-, Apfel- oder ein anderer Fruchtsaft haben genügend Zucker, um Sie wieder auf die Beine zu bringen.

- Sie sollten immer eine Packung Taschentücher dabeihaben. Egal wo Sie sind, ein Taschentuch kann Ihnen immer gelegen kommen.

- Desinfektionstücher sind noch besser.

- Desinfektionsmittel immer dabeihaben. Wissen Sie, wie viele Leute täglich auf dem gleichen Sitz Platz nehmen, den gleichen Knopf im Fahrstuhl drücken oder den gleichen Kühlschrank öffnen? Natürlich ist Händewaschen an sich sehr wichtig, aber falls es gerade nicht geht, ist das ein guter Ersatz. In einer Apotheke ist es möglich, ein kleines Fläschchen zu kaufen, das meistens sogar außerhalb Ihres Rucksacks befestigt werden kann.

- Immer extra Geld dabeihaben.

- Apropos Geld, Sie sollten Ihre Euros in ägyptische Pfund wechseln lassen. Oft gibt es in den Hotels Wechselstuben, aber falls dies nicht der Fall ist oder Sie in einer anderen Art Unterkunft sind, dann sollten Sie in Zamalek vorbeischauen. Dort gibt es offizielle Wechselstuben, wo Sie sicher Geld wechseln können. Die meisten Banken wechseln nämlich nicht.

- Haben Sie immer Ihren Pass dabei. Es ist sehr unwahrscheinlich, dass Sie jemand danach fragen wird, aber zum Geld wechseln brauchen Sie ihn auf jeden Fall.

- Ziehen Sie sich bequeme Schuhe an. Sie werden während Ihrer Ausflüge viel herumlaufen, also lassen Sie die schönen Schuhe daheim oder im Hotel.

- Lichtschutzcreme nicht vergessen. Egal wie warm es ist, die UV-Strahlen sind in Kairo meist besonders stark, also passen Sie gut auf sich auf und tragen genügend Sonnenschutz auf.

- Sonnenbrand? Kein Problem. Sie können sich entweder mit kühlem Naturjoghurt einreiben oder sich in der Apotheke eine Aloe Vera kaufen.

- Immer ein mobiles Ladegerät, wie eine Powerbank, dabeihaben.

- Kaufen sie sich eine ägyptische SIM-Karte. Am besten gehen Sie in einen Vodafone-Laden und kaufen sich dort eine. Dann laden Sie sich ein paar Gigabyte für Internetnutzung drauf und müssen sich während Ihres Aufenthalts nicht um Wi-Fi oder Internet sorgen. Egal, wo Sie sind, können Sie so immer Uber oder Google Maps erreichen

- Kleidung sollte bei Frauen, wie bei Männern nicht zu kurz sein. Ägypten ist ein relativ religiöses Land, und besonders in der Hauptstadt kleiden sich Leute bescheiden und zeigen wenig Haut. Das heißt, man sollte kurze Hosen und Röcke, sowie bauchfrei T-Shirts und Tanktops vermeiden.

- Kein Leitungswasser trinken. Obwohl es sauber ist, schlägt es vielen Urlaubern auf den Magen, also lieber Wasser aus der Flasche trinken.

- Neben Sie abends immer eine Jacke mit. Egal ob

es wegen der Stechmücken ist oder wegen des kalten Windes. Sie werden sich dafür danken. Sie können sich die Jacke jederzeit umbinden.

- Ziehen Sie keine offenen Schuhe an. Falls jemand Ihnen in der U-Bahn auf den Fuß steigt, kann das ganz schön nervig sein.

- In Ägypten sollte man öffentliche Liebesbekundungen unterlassen. Da es ein sehr zurückhaltendes Land ist, werden hier wenig körperliche Liebesgesten geduldet. Als Urlauber werden Sie natürlich nicht darauf angesprochen, trotzdem sollten Sie es am besten unterlassen. Hand halten wird noch akzeptiert, aber sogar ein Küsschen auf die Wange ist hier bereits zu viel.

- Trinkgeld ist in offiziellen Geschäften nicht erlaubt. Nur in Restaurants oder bei Aktivitäten ist es angebracht.

- Keine Fotos von Staatsgebäuden oder der Polizei machen.

Das waren einige Tipps, die Ihnen in Kairo weiterhelfen sollten. Und in welche Klasse haben Sie es geschafft?

0-5 Punkte: Fast schon Ägypter! Sie sind schon ein paar Mal in ähnlichen Ländern unterwegs gewesen und schaffen es auch hier, Ihre Kenntnisse schlau zu benutzen.

5-10 Punkte: Archäologe! Sie waren schon einmal in Ägypten, nicht wahr? Mit vielen der Sitten und Traditionen sind Sie bereits vertraut und können es kaum erwarten, Ihrer Sammlung neue Geschichten aus Kairo hinzuzufügen.

Mehr als 10 Punkte: Pharao! Willkommen daheim! Es scheint, als brauchen Sie gar keinen Ratgeber, um Ihnen in Kairo zu helfen. Sie kommen sehr gut allein zurecht und freuen sich auf eine wundervolle Zeit in der Stadt der Tausend Minaretts.

Ich packe in meinen Koffer...

Na ja, eigentlich mehr Tasche als Koffer, aber das ist egal. Diese Sachen sollten Sie immer in Ihrer „Kairo-Tasche" dabeihaben. Selbst wenn nicht in Ihrer Handtasche, dann wenigstens im Schlafzimmer Ihrer Unterkunft. Vielleicht werden Sie nicht alle diese Dinge auch benutzen, aber lieber dabeihaben und nicht brauchen, anstatt nicht haben und sie brauchen.

• Medizin für kleine Notfälle. Dazu gehören Ibuprofen 400 (Schmerztabletten), Comtrex

(Erkältungspillen), Strepsils (Halsbonbons), Desin-
fektionsspray und Pflaster.

- Jacke oder Schal
- Wasserflasche
- Sonnencreme
- Feste sportliche Schuhe
- Taschentücher
- Desinfektionstücher
- Desinfektionsgel für die Hände
- Kleingeld in ägyptischen Pfund für Uber, U-Bahn
oder als Trinkgeld
- Powerbank
- Einen Geldbeutel für Euro und einen anderen
für ägyptische Pfund
- Kopfhörer für lange Autofahrten
- Telefon mit ägyptischer SIM-Karte
- Hotel- oder Unterkunftsschlüssel
- Passport

Wenn Sie all diese Sachen dabeihaben, dann sind Sie
bestens für einen unterhaltsamen Urlaub in Kairo
vorbereitet. Viel Spaß!

Schlussfolgerung

Ich hoffe sehr, dass dieser Ratgeber mit all seinen Tipps und Ratschlägen Ihnen in Ihrem
Kairo-Alltag weitergeholfen hat. Es ist nicht immer einfach, sich mit einer fremden Kultur vertraut
zu machen, aber ich bin sicher, dass Sie auf dem besten Weg dahin sind. Natürlich kann nicht alles Wissen über eine so große und tolle Stadt wie Kairo in
ein einziges Buch passen, darum sollten Sie immer
Augen und Ohren offen halten nach mehr Ereignis-
sen, Geschichten und Legenden. Und Sie könnten
Kairo auch einfach noch ein paar Mal besuchen kommen. Jedes Mal wird es Ihnen noch mehr Spaß

machen als beim letzten Mal und wer weiß, vielleicht schreiben Sie dann selbst schon ein Buch über die Hauptstadt Ägyptens. Vergessen Sie nicht, viele schöne Bilder in diesem Urlaub von sich und Ihren Liebsten zu machen. Sie sollten unbedingt Ihre Lieblingsmomente von diesem Ausflug nach Kairo schriftlich festhalten. Füllen Sie doch die nächsten paar Zeilen allein aus.

Das hat mir am besten gefallen:

_____

Das finde ich, könnte verbessert werden:

_____

Andere tolle Erfahrungen waren:

_____

Im nächsten Urlaub werde ich:

_____

Wichtige Rufnummern in Ägypten:

Wenn Sie mit einer deutschen Nummer eine ägyptische Rufnummer anrufen, denken Sie daran, eine 0020 am Anfang hinzuzufügen. Die folgenden sind die Notfallnummern für Kairo:

123: Krankenwagen

126: Touristen Polizei

122: Polizei

180: Feuerwehr

Herstellung und Verlag:

BoD – Books on Demand, Norderstedt

ISBN: 9783751973328

© Alexandra Terwey 2020

1. Auflage

Kontakt: Psiana eCom UG/ Berumer Str. 44/ 26844 Jemgum

Covergestaltung: Fenna Larsson

Coverfoto: depositphotos.com